AF176531

Richard Meerlicht

Gedichte eines Sommers

100 kleine Lichtstrahlen in schwierigen Zeiten

Kontaktdaten des Autors:
Richard.meerlicht@gmail.com

_____

Herstellung und Verlag: Books on Demand,
Norderstedt
Erste Auflage 2020, Originalausgabe

© Richard Meerlicht, Wuppertal 2020

Printed in Germany

ISBN   9-783751-980753

Bibliografische Information der Deutschen Nationalbibliothek
Die Deutsche Nationalbibliothek verzeichnet diese
Publikation in der Deutschen Nationalbibliografie;
detaillierte bibliografische Daten sind im Internet über
http://dnb.d-nb.de abrufbar.

Inhalt

Vorwort

Als ich mich im März 2020 im Brüsseler Stadtteil Ixelles plötzlich in einem Lockdown wiederfand, beschloss ich, jeden Tag ein Foto des erwachenden Frühlings zu machen und einen kleinen Vierzeiler dazu zu schreiben. Im Laufe der Zeit ergaben sich 50 Gedichte, die ich dann durch 50 weitere ergänzte und als einen kleinen Gedichtband herausgab (`Gedichte in der Krise`). Diese deckten die Frühjahrsmonate ab die Idee kam auf, einfach im Juni mit einem Gedicht pro Tag weiterzumachen, um ein Sommergedichtbändchen entstehen zu lassen. Da ich ab Juni durch die geöffneten Grenzen wieder mehr reisen konnte und sich auf den Reisen Fotomotive und entsprechende Gedichte ergaben, sind manche Tage durch mehrere Gedichte belegt, während Tage zwischen den Reisen oft ohne Gedichte blieben.

Ende August war es dann soweit: die 100 Gedichte hatte ich zusammen. Ich werde im Herbst weitermachen und versuchen, mindestens einen Jahreszyklus mit vier Bänden zu erstellen.

Ich hoffe, es gibt Leser, die an diesen kurzen, einfachen Zeilen, wie im ersten Band mehrheitlich auf Englisch geschrieben, Freude haben. Leider lässt eine preiswerte Publikation im Books on Demand-Verfahren, mit aus in Social Media gesposteten und rückkopierten Bildern niedriger Pixelzahl keine hohe Druckqualität zu. Ich hoffe, die Leser sehen dies nach.

Wuppertal, im September 2020
Richard Meerlicht

1. Gedichte eines Sommers

(Juni-August 2020)

1. Juni

Unweit von Bahnsteig und den Schienen,
ein kleines Paradies für unsre Bienen.
Ein richtiger Insektenhain,
und Schnecke first, so soll es sein.

(1 gefällt mir)

1. Juni

In der Vilseck-Au so grün,
wo noch manche Sträucher blühn.
Kleine Stadt in der Oberpfalz,
die Urigkeit, Bayern erhalt´s.

(8 gefällt mir)

2 June

Allium Giganteum,
a violet star.
As iconic flower
it raises the bar.

(6 likes, 1 wow)

4 June

A two-wheeler's ride,
flowers by the side.
Blossoming so white
in June's summerish light.

(2 likes)

7 June

Cold weather,
but so many shades of green now.
Some trees even seeming yellow,
I don´t know how.

(3 likes)

8 June

Little flowers shivering
in cold wind and rain.
At least it´s wet,
from which they gain.

(2 likes)

8 June

The writing on the wall.
Does it mean
something
at all?

9 June

Year just chugging on,
summer not yet that strong.
Flowers still hanging around,
white roses still abound.

(2 likes, 1 wow)

9 June

Behind this colourful wall
a school of Nederlands Taal.
The district I did not check,
I guess it´s Etterbeek.

(7 likes)

10 June

New green graffito
is here to stay.
But with the two houses,
what does it want to say?

(4 likes)

11 June

Is Ixelles happier,
or just steppier?
Is it cooler,
or just fooler?
Is XL just a pixel,
or really part of BXL?

(3 likes, 1 love)

12 June

Flagey's paquebot
in its Art Deco.
Belga now so full,
everybody feels so cool.
But the virus is still around,
not yet on safer ground.

(9 likes)

12 June

Rain in the night,
for plants that's all right.
They aren't lazy,
they'll grow like crazy.

(3 likes)

13. Juni

Schön, zieht man die Hüte
vor jeder kleinen (Stil)blüte,
auf dass die Feder weiter wüte.

(2 gefällt mir)

16 June

Tomorrow I' ll eat alphabet soup,
curious to see how the letters will group.
Will words emerge that make sense,
or will the meaninglessness be dense?

(5 likes, 4 smileys)

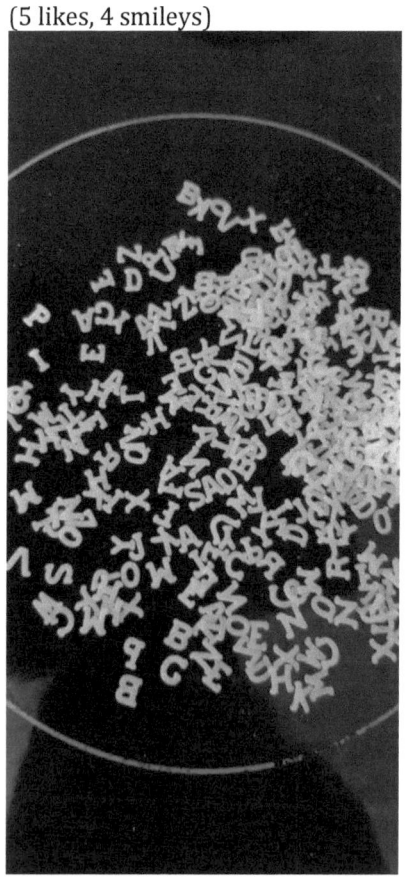

17 June

Finally, night throws its blue velvet
on a long, long day.
Nights will not get much shorter,
come what may.

(4 likes)

18 June

Les tulipes de Shangri-La
by the dot artist Yayoi Kusama.
After 6 months back in France, in Lille.
atmosphere changed, how does it feel?

(4 likes)

19 June

With remains of a town wall,
and a small tower,
Neustadt on the Danube,
in Bavaria, the lower.

(2 likes)

19 June

Eichstätt, small but smart,
near Bavaria's geographic heart.
Baroque ecclestical jewel,
at a bend of the river Altmühl.

(3 likes)

19 June

Schwandorf in Upper Palatinate,
when I visited it, it was already late.
The buildings' gentle glow,
Naab river's roaring flow.

(3 likes)

20. Juni

Goldenen Blumentopf, Pegnensischer Blumenorden

Im Irrhain bei Nürnberg sollte es sein,
fand ich heraus und ich fand hinein.
Könnt ich mir´s jemals verzeihen
Nicht dabei gewesen zu sein?

(4 gefällt mir)

20. Juni

Zu einem Beitrag für den Goldenen Blumentopf, die Geschichte ohne Happy Ent´.

Das Entlein im Wasser, die Füße oben,
wie kann ich die Geschichte loben?
Entlein im Wasser, die Füße unten,
so hätt´ ich´s doch für gut befunden.

Die Geschichte sich zum Ende neigt
Die Ente ihren Bürzel zeigt.
Als ob man es nicht kennte,
da ist sie nun, die Po-Ente.

(2 gefällt mir)

21 June

Durbuy, Belgium's smallest town,
not a place on which to frown.
Everything in stone so grey,
picturesque, I´d like to stay.

(5 likes, 1 love)

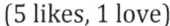

22. Juni

Das Herz, es taumelt,
doch die Seele baumelt.
Sei bereit
Für Tränen aus Leid.

(1 gefällt mir)

23 June

The huge bad memories eraser,
but is it really a life pleaser?
Is there something to wipe out,
or has it disappeared into the cloud?

(2 likes)

26. Juni

Über die Wupper gehen,
dunkle Zeiten überstehen.
Doch einmal, da folgt der helle Schein
und die Schwebebahn fährt ein.

(2 gefällt mir)

27 June

Rosenhügel station

Stuck in a station called `rose hill´,
train doesn't move, not sure if it ever will.
On the platform, if you bend lower,
you see more than one white flower.
The station seems to deserve its name,
but too tiny to get more fame.

(5 likes)

27. Juni

Detmold ist die Kapitale von Lippe,
und die Lippe ist das Kapital vieler Models.
Detmold eine wunderschöne Stadt.
Schade, wenn man sie nie gesehen hat.

(6 gefällt mir)

27 June

The Kaskelkiez
shows its wits,
with a big red tongue.
Pass it, if you dare,
to arrive at a quiet square.

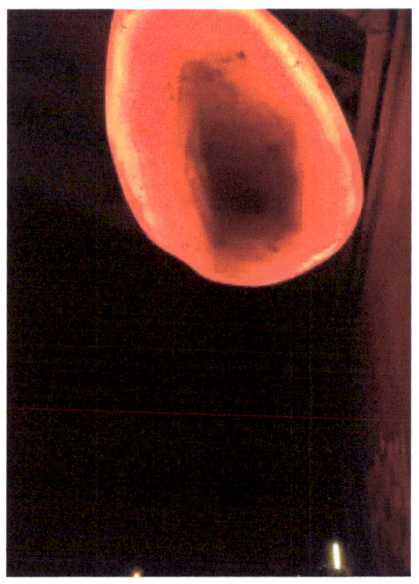

28. Juni

Und seh'n wir uns nicht in dieser Welt,
so sehen wir uns in Bielefeld.
Und sehn' wir uns nach Bielefeld,
so sind wir nicht von dieser Welt.

(1 gefällt mir)

28. Juni

Im Zug in der Hand
den ersten Band.
Hundert Seiten mit jeweils einem Gedicht,
ist das vielleicht ein bisschen zu schlicht?
Fotos ein bisschen unscharf gedruckt,
ob das der Lyrikfan so schluckt?

(10 gefällt mir, 2 Herzen, 2 wow)

28. Juni

Solange in Köln der Dom noch steht,
die Welt noch nicht ganz untergeht.
Solange im Rhein noch Wasser fließt,
es noch lange nicht zu Ende ist.

(3 gefällt mir)

29 June

Ixelles' Lusitan soul,
you find on a Flagey stroll.
Minha pátria é a língua Portuguesa,
you encounter a bust of Fernando Pessoa.

(4 likes, 1 love)

29 June

From the bust you don't walk miles
to discover some tiles,
on a bench so hard,
like the life of a bard.

(1 like)

30 June

Of a crazy year,
that is hard to bear,
half is over now.
We survived it,
don't know how.

(6 likes)

1. Juli

Wenn die Liebe dich nicht findet
und im Herzen Hoffnung schwindet,
sollst du doch nicht traurig sein,
denn alles, alles ist nur Schein.

(3 gefällt mir)

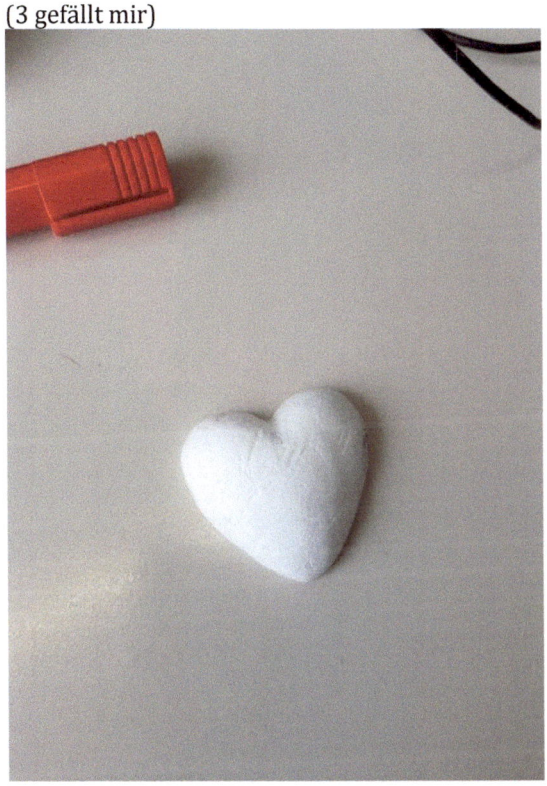

2 July

Vis-à-vis the Ixelles Hospital
a painting on the wall.
Every day at eight the crowd,
applauded so loud,
for work that´s so tough,
the daily chores of the medical staff.

(4 likes)

3 July

Aristotle still with a broken nose,
at least that's what the bust in the office shows.
Nothing else in the absence did crack,
time for carefully going back.

(5 likes)

5. Juli

Brüssel ist sommermüde,
doch sein Herz schlägt noch.
Und unser Herz schlägt für Brüssel.
Aber es blutet.

(9 gefällt mir)

5. Juli

Am Grand Place das Bistrot le Cygne - der Schwan.
Am 31. Dezember 1847 kam Karl Marx hier an,
um mit Freunden den Jahreswechsel zu feiern.
In Deutschland war die Zeit damals noch bleiern.
1848 publizierte er das Kommunistische Manifest.
Immer noch aktuell, wie der ganze Rest.

(3 gefällt mir)

6. Juli

Stockrose Alcina am Flagey-Teich,
mitten im Sommer noch blütenreich.
Bienen zugange mit Fleiß,
an Blüten in pink und weiß.

(5 gefällt mir, 1 Herz)

9 July

Place Lux' Thursday crowd,
celebrating quite loud.
And after a while,
crossing out the word `*travail*´.
A sunshine enjoying mass,
on the green, green grass.

(4 likes)

10 July

Places I have been

The red dot map on my wall,
in 2020 hardly changing at all.
Still over 2000 times a red dot,
and that's already quite a lot.

(6 likes)

11 July

No wind does billow
the leaves of the willow.
Calm Flagey waters,
near lively quarters.

(2 likes)

49

12. Juli

Federn lassen
und nicht zur solchen greifen.
Denn nicht alles kann begriffen werden,
in unserer kurzen Zeit auf Erden.

(1 gefällt mir)

13. Juli

Alsfeld, kleine Perle im Hessenland,
die immer schon ich bezaubernd fand.
Fachwerksatt fast jede Straße,
historische Architektur im Übermaße.

(4 gefällt mir, 1 wow, 1 Umarmung)

13 July

All roads lead to Rome
But none to Romrod.
In the centre of Germany,
nobody knows this town.
Even I have never been there before.

(5 gefällt mir, 1 Smiley)

13 July

Petunia columns everywhere,
on Fulda's railway station square.
An architecture treasure box,
baroque palaces, Fulda rocks.

(14 like, 2 wow)

13 July

Building in enough timetable reserve,
so that you think you do not deserve,
to go again through this funnel
and end up late,
in Welkenraedt's station passenger tunnel.

(4 likes)

14 July

My mints getting ready for 14 July,
you know how, you know why.
Ok to storm the barricade,
but not without a masquerade.

(1 gefällt mir, 2 Smileys)

16 July

Many a berry,
make you so merry.
Black, blue and red,
that' s what I had.

(6 likes, 1 heart)

16 July

Giving up on la vie en rose,
no, it's only l'avion rose.
Garder la rose
is not a rose garden.

(3 likes, 1 smiley)

17 July

Even more berries,
but no worries.
All you can eat
and your heart will still beat.

(5 likes, 2 wow)

18. Juli

Das Georg Büchner Schriftstellerhaus

In Goddelau im Hessenland,
Büchners Vita ihren Anfang fand.
1837 in Zürich endete sein Leben,
das Schicksal hat ihm nur 23 Jahre gegeben.

(3 gefällt mir)

18. Juli

Bürstadt, kleine Hessenstadt,
die für Touristen wenig hat.
Der Rathausplatz jetzt eingehegt,
als gute Stube angelegt.

(3 gefällt mir)

18 July

Mannheim
Where the streets have no name,
where the river is still the same.
The Rhine flows
through time's highs and lows.

(3 likes)

19 July

Crossing on a sunny day
the bridge over the waterway.
The banks still quite green,
in the river fish to be seen.

(4 likes, 1 heart)

20. Juli

Straßburg, Europaparlament,
der Sonne Strahl kein Ende kennt.
Eine Brücke mit Blumen geschmückt,
Lieblichkeit das Auge entzückt.

(7 gefällt mir, 2 Herzen, 1 wow)

21. Juli

Hochsommer in Zehlendorf

Vom Balkon Blick auf eine grüne Wunderwelt.
Sommer, der hoffentlich ein bisschen hält.
Blätter fast zum Greifen nah,
Fast ist man bezaubert da.

(2 gefällt mir)

22. Juli

Dunkelheit ist Teil des Lebens,
von ihr wegzukommen, Teil des Strebens.
Doch kommt sie immerdar zurück.
Ist Dunkelheit auch Teil vom Glück?

(2 Herzen, 1 gefällt mir)

25 July

Travel fatigue

Why do I have to enter
the white snake again?
Why do I have to visit places,
that do not exist?

(5 likes)

25. Juli

Mit beiden Beinen in Mannheim stehen,
fast wie ein Geist.
Den Zug hier wechseln,
wohin man so reist.

(4 gefällt mir)

25. Juli

In Renchen macht man Pausen
am Grab von Grimmelshausen.
Eines der Barockzeit hellsten Lichter,
des 17. Jahrhunderts größter deutscher Dichter.

(1 gefällt mir)

25. Juli

Auf der Suche nach der verlorenen Zeit,
Erinnerungen an verblichenes Leid.
Auf der Suche nach dem Raum,
für den einen letzten Traum.

(5 gefällt mir)

25 July

One thing is true,
the painting does not make me blue.
Colours on the wall,
never bad at all.

(1 like)

26. Juli

Die Blume *Echte Arnika*
ihr Gelb, das ist jetzt auch noch da,
in einer kleinen Schwarzwaldstadt,
mit einer Blütenpracht so satt.

(3 gefällt mir, 1 Herz)

71

27. Juli

Auf der Suche nach der Zeit
sucht man in der Schweiz nicht weit.
Die Bahnhofsuhr so riesengroß,
was ist bloß mit der Zeit hier los?

(7 gefällt mir)

27. Juli

Die Schweiz ist die Schweiz der Schweiz,
Landschaft mit großem Reiz.
Städte wie geleckt,
Infrastruktur perfekt.
Steuern niedrig und Löhne hoch,
wo sonst gibt es das noch?

(9 gefällt mir, 1 Herz, 1 wow)

27 July

Switzerland is never dull,
and almost everywhere beautiful.
But from Lugano I part,
with nearly a broken heart.

(7 likes, 1 heart)

31 July

Buddleja, Chinese origin neophyte,
in urban areas developing grit.
Occupying swiftly each *niche,*
in the typical Brussels urban *friche.*

(4 likes)

1 August

Ixelles, birthplace of artists quite great,
like Agnès Varda, born Couronne 38.
Film director with a talent which rare is,
she died last year at her home in Paris.

(4 likes)

2 August

Lactuca muralis, or wall lettuce,
grey streets it does spruce.
A relative of the dandelion
it also perennially hangs on.

(2 likes)

2 August

On the former Tervuren railway line
today you can cycle so fine.
Elevated and surrounded by trees
you don´t have many cycle lanes perfect as this.

(9 likes)

3. August

Brüssel, Königlicher Palast.
Hier ist viel Ruhe, wenig Hast.
Letzte Sonnenstrahlen, bald ist Nacht.
Ein Sommertag ist fast vollbracht.

(1 Herz, 1 Wow, 12 gefällt mir)

4. August

Der Rosenkavalier
streut Rosen dir.
Die Dornen zählt er.
Das Leben streut sie später.

(4 gefällt mir)

5. August

Erbsen zählen, Erbsen essen
und gar nicht so vermessen,
zu sagen, Erbsen, das ist Superfood,
Erbsen tun dir richtig gut.

(4 gefällt mir)

6 August

Not the yellow brick lanes,
but the yellow window frames.
Auderghem's cité floréal,
heritage that pleases all.

(5 likes)

7. August

In Barmen,
da wohnen die Armen.
Doch in Elberfeld,
da ham´ se auch kein Geld.
Lindemanns Lottogewinn,
in Wuppertal, da macht er Sinn.

(1 gefällt mir)

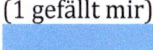

7. August

Augusthitze, Wupperwasser im Glas.
Es leuchtet, doch was bedeutet das?

Am schwärzesten Fluss der Welt, der Wupper,
lernt man erkennen, welche Menschen leuchten.
Else Lasker-Schüler (1869-1945, in Wuppertal geboren).

(3 gefällt mir)

84

8. August

Bremer Stadtmusikanten:
Esel, Hund, Katze, Hahn,
des Lebens Musik hat´s ihnen angetan.
Denn etwas Besseres als den Tod
findest du überall.

(1 gefällt mir)

8. August

Der Engel über der Böttcherstraße (Bremen)

Das goldene Schwert
die Passage bewehrt.
Expressionistisch, in Backstein,
ein Gesamtkunstwerk soll sie sein.

(1 gefällt mir)

86

8 August

Summer rolls on, hotter than ever,
Straw bales on the field.
But do regret the heat never,
Soon to autumn it will yield.

(2 likes)

8. August

In Münster, Deutschlands Fahrradstadt,
gehört nicht dazu, wer keine Leeze hat.
Am Bahnhof schon ein Fahrradmeer,
die Stadt, sie liebt das Zweirad sehr.

(3 gefällt mir)

9. August

Hammerschmidts Plastik `Schmied und Sohn´,
schmieden die beiden Worte schon?
Wortschmiede jede Sprache braucht,
auch wenn das Schmieden manchmal schlaucht.

(1 gefällt mir)

9. August

Oh ferry, cross the Rhine,
es soll halt nicht the Mersey sein.
Das Boot es kämpft mit Wellen noch,
ans andere Ufer kommt es doch.

(3 gefällt mir)

10. August

Wenn man im Hochsommer auf die Felder schaut,
das spätblühende Jakobs-Greiskraut,
sieht man immer wieder gerne.
Kleine gelbe Sonnensterne.

(4 gefällt mir)

10. August

Die Sonne geht immer früher unter,
doch das Quecksilber bleibt oben.
Wird es erst mit den Blättern fallen
und die Hitze weiter wallen?

(4 gefällt mir)

12 August

Demey metro station vegetable art,
for many a fresh daily start.
Designed by Bob Verschueren, autodidact,
born 1948 in Brussels, just another fact.

(4 likes)

15. August

Arno Schmidt wohnte in Bargfeld 37,
den Escheder Bahnhof besuchte er fleißig.
Heute ein Denkmal dort steht.
Wie die Zeit vergeht...

(4 gefällt mir)

15. August

Schlosspark Celle,
nicht mehr gänzlich grüne Wälle.
Natur geschlaucht durch Trockenheit,
für etwas Regen endlich Zeit.

(5 gefällt mir)

15. August

Celle, Fachwerkstadt
ganz fachwerksatt.
Balken, die sich so biegen,
dass die Fotografen ihr zu Füßen liegen.

(6 gefällt mir)

16. August

Später Sommer in Berlin,
bald ist die Hitze hin,
bald kommt die kühle Luft,
bald des Herbstes Duft.

(2 gefällt mir)

18 August

For all the pests that out of earth arise,
the earth itself the antidote supplies.
Hence the ancient saying goes.
But for the current woes,
mother earth we cannot ask,
the answer hence must be a mask.

(3 likes)

19 August

Late summer, flowers getting rare,
but some animals always there.
Ducks enjoying cooler water,
the air above is still much hotter.

(1 like)

19 August

The green, green hell
of old Ixelles.
Of plants an emerald wall,
growing at a bridge, so tall.

(3 likes)

6. Der Blick zurück

(2012-19)

Juli 2012

222 kleine Klebepunkte auf der Karte,
Geburtsorte der Besucher meines Büros.
Farbe der Iris,
Regenbogen Europas.

(5 gefällt mir)

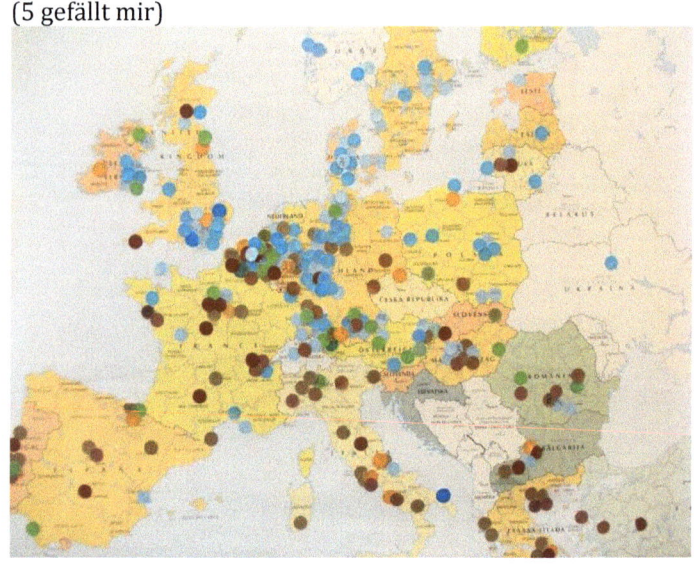

August 2014

Wucht der Niagarafälle,
Tosen des stürzenden Wassers.
Feiner Nebel in der Luft,
vermischt mit spätem Sommerduft.

(2 wow)

Juni 2015

Graue Zeit der Telekommunikation.
Lange, verzwirbelter
Kabelwolf im Schafspelz.
Wählscheibentelefone mit Fingerlöchern.
Wo es nur klobige Festnetztelefone gab,
aber das Klingeln noch geholfen hat.

(3 gefällt mir)

Juli 2015

Jan Vermeer, Mauritshuis (Den Haag)

Ich betrachtete in Länge,
das Mädchen mit dem Perlenohrgehänge,
auch Mona Lisa des Nordens genannt.
Meine Blicke durch Augen und Mund gebannt.

August 2019

In der Streusandbüchse Brandenburg
lächeln manche Blüten noch in Gänze,
andere schon mit Zahnlücken.
Einzelne schauen zur Sonne,
bereits ganz ohne weiße Strahlen.
In einem Sommer,
der noch nicht enden will.

The end

(Fortsetzung folgt)

Weitere Gedichtbände des Autors

Richard Meerlicht
Gedichte in der Krise
Kleine Seelenwärmer in schwierigen Zeiten
(März-Mai 2020)
Books on Demand, Norderstedt 2020